Walter Bertleff

Ist das Leben nicht herrlich?

AF194080

Der Autor

Walter Bertleff wurde am 29.01.1963 in Geilenkirchen geboren, wo er noch heute lebt. Nach der Schulzeit absolvierte er eine Ausbildung zum Friseur. Später legte er die Meisterprüfung vor der Handwerkskammer Aachen ab. Im Anschluss daran eröffnete Walter Bertleff einen Herrenfriseursalon in seinem Heimatort Geilenkirchen, den er seit Dezember 1993 betreibt.

Schon seit des frühen Erwachsenenalters liebt er das Schreiben, am liebsten humorvolle Gedichte. Seine ersten Lesungen fanden jedoch zunächst in seinem Herrensalon statt. Knapp 200 Gedichte verfasste er bereits.

Eine Auswahl veröffentlichte Walter Bertleff in seinem Erstlingswerk „Wahre Lebensfreuden". Nun folgt sein zweites Buch mit dem Titel „ Ist das Leben nicht herrlich?"

Walter Bertleff
Ist das Leben nicht herrlich?

**Humorvolle Gedichte
die das Leben schreibt**

Bibliographische Informationen der Deutschen
Nationalbibliothek:
Die Deutsche Nationalbibliothek verzeichnet diese
Publikation in der Deutschen
Nationalbibliographie ; detaillierte bibliographische
Daten sind im Internet über http:// dnb.dnb.de
abrufbar.

© 2020 Walter Bertleff, Geilenkirchen
Herstellung und Verlag:
BoD - Books on Demand, Norderstedt

Umschlagfoto: Jessica Borchardt, Fotografie Erkelenz
Illustrationen: Norbert Brinker, Geilenkirchen

www.walter-bertleff.de
info.walterbertleff@gmail.com

Inhalt

Vorwort	7
Geschichten in Reimen	8
Genieße jeden Tag	9
Elektroautos aus Blech und Chrom	10
Die Schlacht um das Buffet	12
Beförderung zum Amtsinspektor	14
Werner feiert gerne leise	16
Jede Stimme zählt	18
Raus aus dem Hamsterrad	20
Ohne Plan keinen Anfang	21
Lachen ist gesund	22
Eine fröhliche Lebenseinstellung	23
Der Ball ist rund	24
Fußballfan Harry Hein	26
Des Rätsels Lösung	28
Unser Lebenslauf	29
Kein Empfang	30
Besserwisser	31
Sommerhitze	32
Ein unterhaltsamer Krankenhausaufenthalt	34
Verliebt sein	36
Die Liebe lebt	37
Zufriedenheit	38
Weise Taten	39
Auf die Sichtweise kommt es an	40
Lebe hier und heut'	41
Die Lödders haben neu gebaut	42
Ein außergewöhnlicher Herrensalon	44
Sport heißt das Zauberwort	46
Die Zeit	48
Zeitverständnis	49
Prosit Neujahr	50
Das Leben ist eine Achterbahn	52
Immer startbereit	53
Mein Esel aus Draht	54
Ein trostloser Kneipenbesuch	56
Ein Frühstück auf der Terrasse	57
Lukas geht zur Kommunion	58
Das Auto ist Deutschlands liebstes Kind	60
Schönwetterfreuden	61
Wahre Liebe	62
Kritische Gedichte	63
Ein kritisches Gedicht	64
Veränderungen	65

Herbert und die Probleme mit dem Alter 66
Die Familienfeier 68
Die Welt mit Kinderaugen sehen 70
Frühling 71
Mister Perfekt 72
Machet auf die Tür' 74
Das Kleid mit dem Schmetterlingsmotiv 76
Das Wetter ist kein Wunschkonzert 78
Endlich Wochenende 79
Der Herbst 80
Dunkle Herbsttage 81
Lebe immer frohen Mutes 82
Himmelblaue Augen 83
Die Folgen des Alters 84
Was machen schon paar Falten 86
Aufrecht auf der Lebensleiter 87
Ob Fasching oder Karneval 88
Das Leben ist so wunderschön 90
Neunzig Minuten dauert ein Spiel 91
Im nächsten Leben werde ich Fußballstar 92
War Früher alles besser? 94
Mister Cool – Der Aussteiger 96
Ordnung muss sein 98
Ein liebevolles Wort 100
Lebensweisheiten 101
Übermut kommt vor dem Fall 102
Glücksmomente 103
Der Wochenplan 104
Der besondere Kick 106
Am schönsten ist es zu Hause 108
Katzenliebe 110
Jeder sagt es auf seine Weise 112
Bonusgedichte 113
Des Einen Glück, des Ander'en Leid 114
Katz und Maus 115
Tiere und ihre Eigenschaften 116
Lieber Osterhase 117

Liebe Leserinnen, liebe Leser,

auch in meinem zweiten Buch habe ich das Geschehen des Alltags genau beobachtet und festgestellt: „Das Leben schreibt die schönsten Geschichten".

Einige habe ich wieder aufgegriffen und auf humorvolle Weise in Form von Gedichten verarbeitet.

Vielleicht findet sich der Eine oder Andere darin wieder.

Natürlich soll sich niemand persönlich angesprochen fühlen.

Auch die Namen, die ich verwendet habe, sind frei erfunden.

Ich würde mich freuen, wenn die Leserinnen und Leser durch meine Gedichte die Sorgen des Alltags, zumindest für einen Augenblick lang, vergessen.

In diesem Sinne, viel Spaß und gute Unterhaltung beim Lesen von „Ist das Leben nicht herrlich?"

W. Barlott

Geschichten in Reimen

Ich erzähle Geschichten am liebsten in
Reimen
Weil ich nämlich denke und meine
Dass ich das am besten kann
Reime ich über das Leben, die Liebe, die
Frau und den Mann

Die schönsten Geschichten schreibt das
Leben
Ich greife sie auf und reime eben
Ich möchte den Menschen Freude machen
Damit sie ihre Sorgen vergessen und von
Herzen lachen

Genieße jeden Tag

Genieße die Zeit an jedem Tag
Sag dir: Tue nur das was ich gern mag
Warte nicht auf irgendwann
Denn heute fängt dein Leben an

Lebe täglich deine Träume
Nicht alle Träume sind bloß Schäume
Verschenke keinen Augenblick
Verlorene Zeit kehrt nie zurück

Von herkömmlichen Autos wird man sich wohl mit der Zeit verabschieden müssen.
Fahrzeuge wie man sie zum Teil aus Science-Fiction Filmen kennt, könnten schon bald zur Realität werden.
Wenn Raumgleiten zur Tagesordnung wird, ist derjenige welcher schwindelfrei ist, klar im Vorteil.

Wie sieht wohl das Fortbewegungsmittel der Zukunft aus?

Elektroautos aus Blech und Chrom

Der Trend geht hin zu Elektroautos
Statt Benzin nun Ökostrom
Alle fahren nur noch lautlos
Mit einem Gefährt aus Blech und Chrom

Ein völlig neues Fahrgefühl
Kein Motorsound zu hören
Von München bis nach Dinkelsbühl
Kann das Umweltfreunde niemals stören

Fünf Sekunden von Null auf Hundert
Da staunt so mancher leicht verwundert
Daran muss man sich erstmal gewöhnen
Ans Fahren ohne Motordröhnen

Doch eines ist wirklich fantastisch
Fast alles funktioniert automatisch
Bis ins Detail exakt programmiert
Eine sichere Fahrt ist somit garantiert

Selber fahren ist längst überholt
Man wird fahrerlos abgeholt
Und entspannt bei Tag und Nacht
Sicher ans gewünschte Ziel gebracht

Das Auto der Zukunft ist keine Vision
Vielleicht ist Raumgleiten die nächste
Mission
Dann kann man nämlich zu allen Zeiten
Durch das Weltall fliegen in unendliche
Weiten

Die Schlacht um das Buffet

Ich musste wieder zu einer Tagung
Nach Frankfurt, ins wunderschöne Hessen
Noch hatte ich von nichts eine Ahnung
Doch werde den Tag niemals vergessen

Die Tagung verlief genau wie immer
Was ich jedoch schon vorher ahnte
Gelangweilt schlich ich mich aufs Zimmer
Bis endlich dann der Abend nahte

Kalte und auch warme Speisen
Stand groß über dem Buffet
Sollte aber nichts Gutes verheißen
Die Schlacht begann, oh weh, oh weh

Alle fielen über die Delikatessen her
Der Hunger, der jeden übermannte
Selbst Freunde kannte keiner mehr
Als kämen sie aus dem Hungerlande

Harte Bandagen wurden eingesetzt
Ohne Rücksicht, kein Pardon
Ich war sprachlos und entsetzt
Über so manchen rauen Ton

Einer pirschte sich still und leise
Unbemerkt ans Buffet heran
Ein anderer schrie: Haben Sie 'ne Meise
Stellen Sie sich gefälligst hinten an

Ein Herr kam mit einem vollen Teller
Und breitem Grinsen im Gesicht
Tut mir leid, war leider schneller
Gute Manieren - kannte er wohl nicht

Auf ging's nun in die zweite Runde
Das Buffet wieder prall gefüllt
Wer achtet schon auf seine Pfunde
Wenn der Magen vor Hunger brüllt

Einige von den gierigen Männern
Und das ist wirklich nicht zu fassen
Ließ die Hälfte auf ihren Tellern
Lautlos lachend und hoch die Tassen

Unbeherrscht und hemmungslos
Eine wahre Odyssee
Das Chaos danach riesengroß
So war die Schlacht um das Buffet

Eine Beförderung ist ein freudiges Ereignis.
Wenn die Arbeitskollegen das genauso sehen und einen dafür sogar feiern, ist das umso schöner.
Grund genug um mit einem Glas Sekt auf die Beförderung anzustoßen und ein Liedchen anzustimmen.

Beförderung zum Amtsinspektor

Gregor wird nun Amtsinspektor
Darum lässt es sich sein Chef nicht nehmen
Im großen Saal, Blick aufs historische Tor
Paar lobende Worte zum Besten zu geben

Lieber Gregor: Zu deinem Ehrentage
Sind wir heute alle zusammen gekommen
Wohl verdient, dass steht außer Frage
Wirst du nun deine Urkunde bekommen

Im Dienste schon seit fünfzehn Jahren
Gewissenhaft und pflichtbewusst
Diese Eigenschaften, sollst du dir bewahren
Stets aufrecht und mit stolzer Brust

Mit harter Arbeit und mit Fleiß
Allzeit pünktlich und motiviert
Und mit so manchem Tropfen Schweiß
Ist der Erfolg dir garantiert

Bravo Gregor: Es sei dir gegönnt
Ruft lauthals jemand von den Kollegen
Im ganzen Saal, Applaus ertönt
Lasst uns auf Gregor das Glas erheben

Auf unseren neuen Amtsinspektor
Prosten Gregor alle zu
Dann singen alle laut im Chor
Von Gabalier, Hulapalu

Herzlichen Glückwunsch!

An einer Familienfeier nehmen Gäste mit unterschiedlichem Temperament teil.
Solange das Temperament nicht so niedrig ist, dass man dazu neigt einzuschlafen oder langsamer zu tanzen, als die Musik spielt, ist es noch so gerade vertretbar.

Werner feiert gerne leise

Nein, unser Werner hat keine Meise
Er feiert halt nur gerne leise
Sitzt am liebsten auf einem Hocker
Trinkt an der Theke sein Bier ganz locker

Hält sich an seinem Bierglas fest
Möchte, dass man ihn in Ruhe lässt
Mit starrem Blick und ernstem Gesicht
Und der Angst, dass er bald zusammen
bricht

Wie angewurzelt sitzt er stumm
An der Theke dumm herum
Nimmt sein Umfeld nicht mal wahr
Als wäre es überhaupt nicht da

Verzieht so gut wie keine Miene
Ganz anders seine Wilhelmine
Sie feiert fröhlich und ausgelassen
Werner kann es gar nicht fassen

Auf einmal hat er leicht gezuckt
Erschrocken hat seine Frau geguckt
Werner, was ist mit dir los?
Warum erschreckst du mich denn bloß?

Dabei hat er eigentlich nichts gemacht
Ist soeben einfach aufgewacht
War nämlich kurz mal eingenickt
Verdutzt nun in die Runde blickt

Nippt erneut an seinem Glas
Kontrollier - hält immer Maß
Seine Frau, etwas angeheitert
Feiert immer munter weiter

Die Menschen sind eben unterschiedlich
Der Eine ruhig, der Andere unermüdlich
Der Eine feiert im lustigen Kreise
Der Andere lieber still und leise

*Ob ruhig oder temperametvoll, Hauptsache, man hat
Spaß!*

Wenn der Bundestagswahlkampf wieder einmal in vollem Gange ist, hat man das Gefühl, dass den Politikern jeder einzelne Bürger enorm wichtig ist.
Jeder wird freundlich begrüßt, man wird förmlich mit etlichen Geschenken wie Kugelschreiber, Notizblöcke oder Blumen überhäuft und es wird auch noch das Blaue vom Himmel versprochen.
Was man nicht alles tut um an Stimmen zu kommen…

Bla, bla, bla…!

Jede Stimme zählt

Alle vier Jahre ist Bundestagswahl
Dann hat der Bürger erneut die Qual
Welche Partei soll er bloß wählen?
Wer wird die Stimme des Volkes erhören?

Wer hat das richtige Wahlprogramm?
Wer ist für die Partei der richtige Mann?
Mit wem kann man die Wahl gewinnen?
Mit wem kann der große Wurf gelingen?

In Talkshows wird heftig diskutiert
Was die Zuschauer oftmals amüsiert
Politiker machen dort große Versprechen
Um ihr Wort später wieder zu brechen

Sie bringen sich gegenseitig in Rage
Was man nicht alles tut für seine Gage
Sie dreschen zunächst aufeinander ein
Trinken später gemeinsam ein Glas Wein

Geht der Wahlkampf in die letzte Runde
Zählt von nun an jede Sekunde
Jeder kämpft in seinem eigenen Sinne
Knallhart um jede einzelne Stimme

Wie bei jeder Bundestagswahl
Ist es im Grunde völlig egal
Welche Partei man auch wählt
Weil am Ende nur die Stimme zählt

In dieser so schnelllebigen Zeit hat man zunehmend das Gefühl fremdbestimmt zu werden.
Man befindet sich ständig in einem Rad, das anscheinend nie zum Stehen kommt.
Grund genug um was zu ändern.
Vielleicht sollte man auch mal das Wort „Nein" verwenden!

Raus aus dem Hamsterrad

Die ganzen Sorgen und die Hektik
Machen mich schon langsam fertig
Doch ich habe einen Weg gefunden
Und den Alltagsstress überwunden

Ich lege nämlich hin und wieder
Mein gestresstes Haupt einfach nieder
Entspanne mich von Zeit zu Zeit
Bin für den Wahnsinn nicht mehr bereit

Trink, wenn ich Lust habe, mal ein Bier
Genug geschuftet wie ein Stier
Will raus aus diesem Hamsterrad
Mache bei Bedarf einen harten Cut

Tanke meine Batterien auf
Fühl mich fit und bin gut drauf
Selbst bei starkem Gegenwind
Lebe ich mein Leben selbstbestimmt

Wer planlos durch das Leben schreitet, dreht sich nur im Kreis und tritt dabei auf der Stelle.
Der erste Schritt nach vorne, wäre schon einmal ein Anfang.

Ohne Plan keinen Anfang

Manche leben so vor sich hin
Ohne Ziel und ohne Sinn
Treiben wie ein Blatt im Wind
Und die Zeit vergeht geschwind

Ohne einen Plan im Leben
Wird es keinen Anfang geben
Hat man dies erstmal erkannt
Nimmt man sein Leben selbst in die Hand

Immer dran denken: Der Weg ist das Ziel!

Lachen ist gesund

Lachen ist ja so gesund
Zum Lachen gibt es immer einen Grund
Lachen macht das Leben leichter
Mit Lachen geht es immer weiter

Wer lacht hat keine Zeit zum Weinen!

Eine fröhliche Lebenseinstellung

Wer fröhlich ist und immer lacht
Sich nicht um alles Sorgen macht
Den Tag genießt und auch die Nacht
Hat im Leben nicht viel falsch gemacht

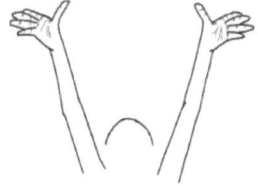

Das Spiel mit dem Ball, auch Fußball genannt, begeistert Fans auf der ganzen Welt schon seit Jahrzehnten.
Es ist schon erstaunlich, dass dieser Ball so viele Emotionen in Millionen Fußballherzen transportiert.
Fußball ist halt die schönste Nebensache der Welt.

Der Schiedsrichter hat selbst in brenzligen Situationen die Lage stets im Griff.

Der Ball ist rund

Der Ball ist ja bekanntlich rund
Und muss in den Kasten rein
Dafür gibt es einen guten Grund
Jeder will der Sieger sein

Neunzig Minuten wird gefightet
Um jeden Ball knallhart gekämpft
Von Pfiffen und Applaus begleitet
Die Euphorie niemals gedämpft

Ertönt der Schlusspfiff, das Spiel ist aus
Kann es nur einen Sieger geben
Für eine Mannschaft gibt es Applaus
Außer bei einem Unentschieden - eben

Für manche Menschen ist Fußball mehr als nur ein Spiel.
Sie identifizieren sich so sehr mit der Mannschaft, dass sie dabei vergessen, dass sie bedauerlicherweise nur Zuschauer sind.
- Oder vielleicht sind sie doch der sogenannte „12. Mann"?
Bei Harry Hein ist das allerdings nicht so sicher.

Fußballfan Harry Hein

Samstag, Heimspiel, Punkt halb vier
Steht Harry wieder hinter dem Tor
Mit Schal, Mütze, einer Dose Bier
Ruft er lauthals: FC vor

Gehört wie ein Maskottchen zum Verein
Ist halt ein echtes Original
Alle nennen ihn Harry Hein
Für den FC eine super Wahl

Kennt jeden Spieler höchstpersönlich
Wie es sich für einen Fan gehört
In jeder Beziehung etwas außergewöhnlich
Was im Verein jedoch niemanden stört

Hat der Schiri das Spiel angepfiffen
Fiebert Harry wie immer hörbar mit
Nun hat der Letzte auch begriffen
Harry kennt jeden Fußballhit

Schießt der FC das erste Tor
Läuft er die Linie auf und ab
Wieder ruft er: FC vor
Ein Harry, der macht niemals schlapp

Wird ein Spieler gefoult und muss raus
Traf der Gegner den Fuß, nicht die Pille
Flippt Harry auch mal richtig aus
Schiri, wo hast du deine Brille?

Harry mach' nur weiter so
Rufen alle wie im Chor
Harry ist nun sichtbar froh
Und alle singen jetzt: FC vor

Der „12. Mann"

Des Rätsels Lösung

Es kann sehr romantisch sein
Doch man kann es nicht allein
Auch Leidenschaft ist mit im Spiel
Den meisten wird es nie zu viel

Manche mögen es sehr stürmisch
Wenige machen es nur mürrisch
Der Eine mag es lieber sinnlich
Für den Anderen ist es sehr verbindlich

Ein Gefühl, wie elektrisiert
Spürt jeder der es ausprobiert
Es kribbelt auch am ganzen Körper
Funktioniert selbst ohne viele Wörter

In verschiedene Formen lässt es sich
wandeln
Worum könnte es sich bloß handeln
Die Lösung folgt nun ganz zum Schluss
Richtig: Es handelt sich um einen Kuss

Unser Lebenslauf

Wer das Gefühl haben möchte, dass es immer nur bergauf geht, der sollte beim nächsten Schuhe besohlen darauf achten, dass die Absätze vorne angebracht werden.

Es geht nicht immer nur bergauf
Manchmal geht es steil bergab
So ist halt unser Lebenslauf
Weise ist der, der das begriffen hat

Man stelle sich vor, man ist unterwegs und hat sein Handy zu Hause vergessen.
Für einen Großteil der Handybesitzer wäre das mit ziemlicher Sicherheit eine mittlere Katastrophe.

Kein Empfang

Ein Handy, oh wie schick und fein
Ständig erreichbar, nie allein
Ob per Mail oder Messaging App
Hauptsache chatten wie ein Depp

Das Schlimmste, wenn auch ohne Belang
Ist der Moment ohne Empfang
Dann hofft man auf ein schnelles Wunder
Denn ohne Netz geht die Welt gleich unter

Das Leben macht dann keinen Sinn mehr
Läuft völlig genervt hin und her
Getrieben von einem inneren Zwang
Ein Alptraum: Ein Handy ohne Empfang

Manch einer ist von seiner Sichtweise der Dinge so sehr überzeugt, dass er andere Meinungen erst gar nicht zulässt.
Dadurch ist leider die Fähigkeit, seinen geistigen Horizont zu erweitern, stark eingeschränkt.

Besserwisser

Was Leute nicht alles so erzählen
Mit ihren Weisheiten andere quälen
Wollen jeden stets belehren
Vergessen aber vor der eigenen Türe zu
kehren

Drängen anderen ihre Meinung auf
Andersdenkende, da pfeifen sie drauf
Besserwisser wie sie im Buche stehen
Weil sie alles nur durch ihren Tunnelblick
sehen

Arme Leute!

Was würde man nicht alles dafür geben, um einen warmen und sonnenreichen Sommer genießen zu dürfen.
Aber 40° Grad im Schatten ist dann doch zu viel des Guten.
Mit einem Sprung in den Swimmingpool oder mit einem Plätzchen im Schatten unter einem Baum kann man die kaum auszuhaltenden Temperaturen gerade noch ertragen.

Nur nicht bewegen!

Sommerhitze

Was für eine Sommerhitze
Oh mein Gott wie sehr ich schwitze
Es sind fast 40° Grad im Schatten
Ob wir das vorher jemals hatten?

Man kann die Hitze kaum ertragen
Von wegen sich in der Sonne aalen
Schattenplätze sind sehr begehrt
Ein kühler Drink wäre nicht verkehrt

Ein Sprung in den Pool, ins kühle Nass
Eine willkommene Abkühlung, das wäre
was
Danach ein Nickerchen auf der Decke
Irgendwo in einer schattigen Ecke

Nur nicht bewegen ist die Devise
Hoffen vom Himmel auf eine nasse Brise
Oftmals verflucht, Wolken und Regen
Ein leichter Schauer wäre ein wahrer Segen

Doch wollen wir uns mal nicht beklagen
Über diese heißen Sommertage
Irgendwann ist die Hitze vorbei
Dann wünschen wir uns wieder die Sonne
herbei

Ein unterhaltsamer
Krankenhausaufenthalt

Nach einem Sturz im Treppenhaus
Liegt Hermann nun im Krankenhaus
Brach sich dabei das Schienbein
Dumm gelaufen, armes Schwein

Sieben Tage Aufenthalt
So die Prognose von Dr. Alt
Totale Ruhe ist angesagt
Was Hermann sichtlich nicht behagt

Im Alltag stets auf vollen Touren
Jetzt soll er sieben Tage ruhen
Sieben Tage, die scheinbar nie vergehen
Sieben Tage, irgendwie überstehen

Langeweile ist sein größter Feind
Was ihn mit seinem Bettnachbarn eint
Doch dann haben sie 'nen Rollstuhl
entdeckt
Der auch das Interesse so manchen
Besuchers weckt

Denn jeder will einmal Probesitzen
Funkeln in den Augen wie bei Kindern
aufblitzen
Eine Runde im Rollstuhl ist mittlerweile
Pflicht
Quer durchs Zimmer, was nach Suchtgefahr
riecht

Abends dann ist Partytime
Wer Freunde hat, ist nie allein
Paar Bierchen haben sie mitgebracht
Zur raschen Genesung wohlbedacht

Schneller als man glauben mag
Beginnt für Hermann der letzte Tag
Er kann es selbst noch gar nicht fassen
Endlich wird er nun entlassen

Muss sich vom Rollstuhl schweren Herzens
trennen
Vorbei das unterhaltsame Rollstuhlrennen
Jetzt geht es zurück ins Alltagsleben
Die kleinen Sünden sind ihm längst
vergeben

Verliebt sein

Verliebt sein, das ist wunderschön
Gemeinsam in die Zukunft geh'n
In guten und in schlechten Zeiten
Durch Höhen und durch Tiefen schreiten

Das wäre schön!

Die Liebe lebt

Wer Liebe sucht, der wird sie finden
Wird die Einsamkeit dann überwinden
Wird vergessen Leid und Schmerzen
Denn Liebe lebt in unseren Herzen

Zufriedenheit

Zufriedenheit erreicht man bloß
Sind die Ansprüche nicht zu groß

Immer schön bescheiden bleiben!

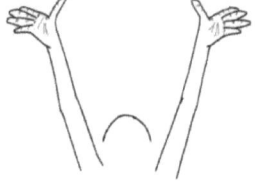

Weise Taten

Viele Menschen tun das, was sie denken
Lassen sich oft vom Schwachsinn lenken
Weise Menschen überlegen und halten inne
Dann folgen die Taten im besten Sinne

Erst denken, dann handeln!

Auf die Sichtweise kommt es an

Der Eine nennt es Faulenzen
Der Andere eher Meditieren
Der Nächste möchte bloß ergänzen
Man müsste beides ausprobieren

Faulenzen, das heißt: Nichts tun
Es sich einfach gut gehen lassen
Meditieren dagegen: Spirituelles Ruhen
Nur mit sich selbst befassen

Wie man es nennt spielt keine Rolle
Auf die Sichtweise kommt es an
Beides dient dem eigenen Wohle
Hauptsache man glaubt ganz fest daran

Wenn es denn nützt!

Lebe hier und heut'

So mancher verschwendet kostbare Zeit
Denkt an die Zukunft oder Vergangenheit
Doch es kann sein, dass er's mal bereut
Weil er niemals dachte, an hier und heut'

Darum, lebe jetzt!

Die Lödders haben gebaut

Die Lödders haben neu gebaut
Haben sich was zugetraut
Weil es am Geld bekanntlich hakt
Wird selber kräftig angepackt

Nach dem Motto: Selbst ist der Mann
Strengt sich Herr Lödder mächtig an
Zwar noch ein wenig ungeschickt
Und im Hinterkopf die Zeituhr tickt

Mauert stetig Stein auf Stein
Fugt danach auch noch selber ein
Vom Ehrgeiz ständig angetrieben
Wird geschuftet auf brechen und biegen

Auch drinnen legt er dann und wann
Motiviert die Hand mal an
Klebt Fliesen auf den Boden, Tapeten an
den Wänden
Geschickt mit seinen fleißigen Händen

Stromleitungen im Haus noch verlegen
Holzbretter für die Decken sägen
Steckdosen an die Wände montieren
Heizungsrohre isolieren

Herr Lödder ist kaum noch zu bremsen
Staunt selbst sein Nachbar, der Herr Hensen
Das hat auch seine Frau erkannt
Ist seit dem außer Rand und Band

Energisch feuert sie ihn an
Treibt ihren Mann fast in den Wahn
Gönnt ihm nicht mal eine Pause
Will endlich in ihr neues Zuhause

Allmählich ist er fix und fertig
Die letzten Wochen waren heftig
Es geht ihm langsam an die Nieren
Kriecht durch das Haus auf allen Vieren

Er arbeitete hart und unermüdlich
Seine Frau und er sind überglücklich
Können es beide kaum erwarten
Zu genießen ihr neues Heim mit Garten

Es ist für die Herren ein besonderes Privileg, wenn sie in regelmäßigen Abständen in eine Welt fliehen können, die ausschließlich ihnen gehört.

Denn für die Damen ist der Zugang zu den Räumlichkeiten, die einzig und alleine den Männern gehört, leider untersagt.

In einem Herrensalon können Männer vom Alltag abschalten, ein kühles Feierabendbier genießen und Männergespräche führen.

Ach ja, bei dieser Gelegenheit können sie sich natürlich auch die Haare schneiden lassen.

Pfiffige Herrenhaarschnitte und ein kühles Bierchen, was will man mehr?

Ein außergewöhnlicher Herrensalon

Ich bin Friseur aus Leidenschaft
Weil mir Haare schneiden Freude macht
Auf Herrenkunden spezialisiert
Damen werden nicht frisiert

So schuf ich eine Männerwelt
Wo nur der Wunsch der Männer zählt
Ist mittlerweile mein zweites Zuhause
Arbeite dort gerne, fast ohne Pause

Es wird geblödelt und frisiert
Gute Laune ist garantiert
Bei einem Bier, man ist ja schließlich
durstig
Wird der Besuch bestimmt sehr lustig

Erzählt Witze, völlig ungeniert
Was Damen nicht wirklich interessiert
In einer frauenfreien Zone
Stört das die Männer nicht die Bohne

Die Zeit vergeht, man merkt es kaum
In so einem speziellen Raum
Verweilen in einer anderen Welt
Wie es den Herren halt gefällt

Schick gestylt und amüsiert
Wird der Heimweg anfixiert
Muss man auch schweren Herzens gehen
Gibt es demnächst ein Wiedersehen

Es gibt tausend Gründe keinen Sport zu treiben. Einer davon ist der berühmte innere Schweinehund. Deshalb ist es oftmals sinnvoller, zu zweit zu sporten. Aber wenn beide extrem demotiviert sind, wird es problematisch.

Ist es nun Glück oder Pech, wenn das Schicksal einem einen Strich durch die Rechnung macht, beispielsweise durch eine Verletzung?

Sport heißt das Zauberwort

Paul und Werner haben sich was ausgedacht
Und so gleich einen Plan gemacht
Sie möchten was für ihre Gesundheit tun
Und nicht mehr auf der Couch bloß ruh`n

Sport, so heißt das Zauberwort
Hoch motiviert, am liebsten sofort
Joggen ist jetzt angesagt
Und das von nun an jeden Tag

Doch erst mal richtig vorbereiten
Bevor sie zu den Taten schreiten
Denn das ist unbedingt ein Muss
Drum gehen sie zunächst zu Fuß

In welchem Abstand steht eine Bank
Überanstrengung macht bekanntlich krank
Das ist wirklich nicht zum Lachen
Schließlich muss man auch mal Pause
machen

Endlich ist der Tag gekommen
Es wird mit der ersten Einheit begonnen
Tun sich dabei noch etwas schwer
Der letzte Lauf ist schon paar Jahre her

Nach fünf Minuten ist es soweit
Wären für die erste Pause bereit
Muss es ja nicht gleich übertreiben
Immer ganz schön locker bleiben

Plötzlich ein Stich in Werners Wade
Nichts geht mehr - oh, wie schade
Sind gezwungen abzubrechen
Zu stark die Schmerzen und das Stechen

Schweren Herzens traben sie nach Hause
Sieht aus nach einer längeren Pause
Sie zeigten ihren guten Willen
Nun schluckt Werner vor Schmerzen Pillen

Ans Aufhören, da denken sie nicht dran
Starten wieder irgendwann
An gleicher Stelle, am gleichen Ort
Denn Sport, so heißt das Zauberwort

Wenn man von Zeit spricht, widerfährt einen
immer der Gedanke etwas zu verpassen.
All zu oft sitzt uns die Zeit im Nacken und
rast im Eiltempo davon.
Entschleunigen ist angesagt.

Die Zeit

Die Zeit ist ein sehr kostbares Gut
Verschwende sie nicht, behüte sie gut
Denn jede Sekunde die sinnlos verstrichen
Wirst Du im Leben irgendwann vermissen

Der Baum des Lebens, der die Früchte trägt
Hat für jeden Menschen die Tage gezählt
Jedes einzelne Blatt, das vom Baume fällt
Soll dir sagen, dass nichts ewig hält

Denk nicht an gestern und auch nicht an
morgen
Mach dir im Leben nicht so viel Sorgen
Genieße lieber den Augenblick
Verlorene Zeit kehrt nie mehr zurück

Zeitverständnis

Zeit wird vergehen
Bleibt niemals stehen
Und verschenkte Zeit
Ist verlorene Zeit

Zeichen der Zeit
Erkenne die Zeit
Halte an die Zeit
Mal für kurze Zeit

Denn gelebte Zeit
Ist vergangene Zeit
Leite ein die Wende
Bald naht das Ende

Drum nutze die Zeit
Und sei stets bereit
Genieße die Zeit
Auf Ewigkeit

Traditionellerweise wird an Silvester das alte Jahr mit einem riesen Feuerwerk verabschiedet und das Neue mit einem Glas Sekt begrüßt.

Oftmals fasst man hochmotiviert Vorsätze, die ärgerlicherweise jedoch nur selten eingehalten werden, schade!

Deshalb lieber das neue Jahr ganz entspannt angehen und die Erwartungen nicht zu hoch ansetzen.

„Happy New Year"

Prosit Neujahr

In den Himmel schießt man bunte Raketen
Vielerorts steigen Silvesterfeten
Jeder weiß was das bedeutet
Das neue Jahr wird eingeläutet

Punkt 12 heißt es: Prosit Neujahr
Das Alte ist nun nicht mehr da
Konfettiregen und Korkenknallen
Feuerwerk, in Erwartungen wallen

Und jedes Jahr die spannende Frage:
„Was wird das neue Jahr wohl bringen"?

Das Leben ist eine Achterbahn

Das Leben ist eine Achterbahn
Es läuft nicht alles nur nach Plan
Mal nach links, mal nach rechts, mal
geradeaus
Mal hoch, mal runter, mach dir nichts daraus

Mal bleibt einem fast der Atem stehen
Wenn die Winde von allen Seiten wehen
Gehe immer weiter Schritt für Schritt
Stets nach vorne, niemals zurück

So ist das Leben!

Immer startbereit

Ein cooler Spruch von Zeit zu Zeit
Mach dich fürs Leben startbereit

Wenn es denn hilft!

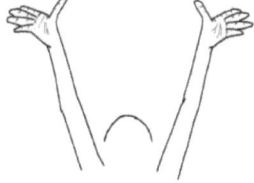

Wenn der Verkehr auf den Straßen zu stressig wird, ist es an der Zeit über eine Alternative nachzudenken. Früher fuhr man noch ganz entspannt mit Pferd und Wagen. Wie wäre es, wenn man stattdessen heutzutage auf einen Esel aus Draht umsteigen würde?

Hektik? Nein danke!
Immer ein fröhliches Lied auf den Lippen!

Mein Esel aus Draht

Wenn ich mit dem Auto fahre
Wird mir oftmals angst und bange
Es sträuben sich die Nackenhaare
Fluche über manche Autoschlange

Auf den Straßen herrscht blankes Chaos
Reifenquietschen und Hupkonzert
Ignoranten und coole Machos
Zeit für ein alternatives Gefährt

Steige um, auf einen Esel aus Draht
Nie mehr so ein Käfig aus Blech
Ein Fahrgefühl, der besonderen Art
Wer das nicht kapiert, hat leider Pech

Fahre locker und entspannt
Vorbei an jedem langen Stau
Beschimpfe niemanden wutentbrannt
Mit den Worten: Du Affe, du dumme Sau

Stattdessen immer frohgelaunt
Zu allen Menschen freundlich
Bin über mich nun selbst erstaunt
War früher leider sehr abscheulich

Die Kneipen sterben langsam aus.
Immer weniger Gäste verirren sich dort hin.
So kann es sein, dass man sich bei einem Kneipenbesuch meist ziemlich verloren vorkommt.
Besonders dann, wenn man der einzige Gast ist.

Ein trostloser Kneipenbesuch

Geht ein Mann in eine Kneipe rein
Denkt: Oh mein Gott, hier ist kein Schwein
Verzweifelt trinkt er rasch ein Bier
Und überlegt: Was soll ich hier?

Alleine trinken macht keinen Spaß
Lieber Gastwirt, tut mir leid, das war's
Mache nun lieber wieder 'ne Sause
Und trinke mein Bier eben zu Hause

Wer morgens bei Sonnenschein entspannt
auf der Terrasse frühstückt, ist für den Tag
meist gut gewappnet.
Dann fällt das Schwere oftmals viel leichter.
Ein Versuch wäre es sicherlich wert.

Ein Frühstück auf der Terrasse

Ein leckeres Frühstück auf der Terrasse
Fernab von der Menschenmasse
Das nenne ich Entspannung pur
Von Stress und Hektik keine Spur

So kann der neue Tag beginnen
Begrüße ihn mit all meinen Sinnen
Freue mich voller Tatendrang
Und nehme den Tag mit Freude an

Das hört sich vielversprechend an!

Lukas geht zur Kommunion

Lukas geht zur Kommunion
Freut sich darauf seit Wochen schon
Verwandtschaft kommt von Nah und Fern
Denn alle haben Lukas gern

Sie haben sich für ihn fein gemacht
Und viele Geschenke mit gebracht
Aber erst nach der Messe wohlbedacht
Werden diese ausgepackt

Gleich halb elf, es wird höchste Zeit
Bis zur Kirche ist es sehr weit
Die Leute sind bestimmt längst drinnen
Die Messe muss schließlich pünktlich
beginnen

Lukas sitzt, dass ist wohl klar
Mit den Kommunionkindern am Altar
Seine Mutter wollte noch kurz erwähnen
Er möge sich doch bitte benehmen

Kaum hat die Messe angefangen
Sind die guten Vorsätze über Bord gegangen
Er winkt seiner Oma vom Altar
Seine Mutter denkt: Ist doch nicht wahr

Auch die Anderen haben kein schlechtes
Gewissen
Und lassen ihre Manieren vermissen
Aus der siebten Reihe, ein alter Mann
Fängt mit dem Nachbarn ein Schwätzchen
an

Sehe wie jemand ungeniert
Mit seinem Handy telefoniert
Sein Nachbar, dass hat mir sehr gestunken
Fing als der Chor sang, an zu schunkeln

Ein Anderer nickt mal eben ein
Und schnarcht, als wäre er ganz allein
Der Küster reißt mit dem Opferstock
Einer Frau ein Loch in ihren Rock

Nun geht die Messe langsam zu Ende
Alle reichen sich zum Schluss die Hände
Der Pastor spendet noch Gottes Segen
Und auch Frieden auf allen Wegen

Das Auto ist Deutschlands liebstes Kind

Man sagt: Das Auto ist Deutschlands
liebstes Kind
Bringt uns von Ort zu Ort geschwind
Ob sportlich oder elegant
Ob zügig oder ganz entspannt

Bei Sonne fährt man Cabriolet
Bei Regen halt mit Sonnentoupet
So kann, wer will an allen Tagen
Mit Deutschlands liebstem Kind einen
Ausflug wagen

Na dann, viel Spaß und allzeit gute Fahrt!

Schönwetterfreuden

Wenn der Himmel nicht mehr weint
Und die Sonne wieder scheint
Schmeckt vom Fass das Bier, vom Grill die
Wurst
Gestillt der Hunger und auch der Durst

Wahre Liebe

Ruhm zu erlangen oder auch Macht
Bedeutet den Menschen meistens viel
Doch lassen sie dabei außer Acht
Nur "Wahre Liebe" führt zum Ziel

Bevor es mit Humor weiter geht,

zunächst zwei kritische Gedichte.

Wir haben nur diese einzige Erde.
Wenn ich sehe wie wir mit diesem kostbaren
Geschenk umgehen, wird mir angst und
bange.
Man sieht fast tatenlos zu wie sie Stück für
Stück zerfällt.
Es wird höchste Zeit aufzustehen und gegen
diesen Verfall vorzugehen.
Noch ist es nicht zu spät!

Ein kritisches Gedicht

Ein kritisches Gedicht muss auch mal sein
Und lege den Finger in die Wunde rein
Wenn ich sehe wie unsere schöne Welt
Ganz langsam aus einander fällt

Uns Menschen ist doch alles gegeben
Was wir brauchen zum Überleben
Sorglos gehen wir mit der Erde um
Sind wir wirklich so naiv und dumm?

Zerstören unseren eigenen Lebensraum
So irre und blöd, man glaubt es kaum
Sägen den Ast ab auf dem wir sitzen
Leider können wir uns keinen neuen
schnitzen

Darum müssen wir unsere Welt erhalten
Für unsere Kinder achtsam verwalten
Jeder Einzelne muss Verantwortung tragen
Und den ersten Schritt mutig wagen

Veränderungen

Es ist nicht alles rosarot
So manches gerät aus dem Lot
Die Zukunft sieht echt düster aus
Alles ist nur noch ein furchtbarer Graus

Unser Wertesystem geht langsam verloren
Eine andere Gesellschaftsform ist geboren
Respekt scheint nur noch ein Fremdwort zu
sein
Nächstenliebe fällt niemanden mehr ein

So kann es doch nicht weiter gehen
Wann wird die Menschheit das verstehen
Deshalb denke immer daran
Veränderungen fangen bei dir selber an

Die Spanne zwischen Geburt und Tod ist das Leben.

Man hat bedauerlicherweise nur ein Leben.

Deshalb sollte man es sinnvoll nutzen und es sich nicht mit trüben Gedanken über das Altern und den Tod verderben.

Solange man den Humor nicht verliert und das Leben nicht ganz so ernst sieht, lässt es sich doch ganz gut aushalten.

Vielleicht sollte sich Herbert diese Lebenseinstellung auch zu Eigen machen.

Ich bin mir sicher: Es funktioniert!

Herbert und die Probleme mit dem Alter

Herbert macht sich große Sorgen
Weil er immer älter wird
Ihm bleibt nämlich nicht verborgen
Dass auch er leider einmal stirbt

So grübelt Herbert Tag für Tag
Über sein Lebensende
Selbst wenn er den Gedanken gar nicht mag
Ist bei ihm mal Ende im Gelände

Dies hört sich etwas flapsig an
Ist jedoch aber wahr
Denn irgendwann ist jeder dran
Das wird selbst Herbert langsam klar

Doch es gibt keinen Grund zur Eile
Steht schließlich ja recht voll im Saft
Bis dahin dauert es noch eine Weile
Die letzten Meter werden auch geschafft

Merkt er mitunter die ersten Gebrechen
Das ist halt so üblich bei den Alten
Im Rücken leichtes Ziehen und Stechen
Diese Wehwehchen wird er wohl behalten

Und wird er immer mehr vergesslich
Was das Altern mit sich bringt
Dann ist es leider unerlässlich
Das man mal nach Worten ringt

Man kann es auch ironisch sehen
Was jeder, der klar denkt, längst weiß
Sogar der Dümmste wird verstehen
Ohne Fleiß - kein Verschleiß

Mit Ironie und mit Humor
Und hin und wieder klagen
Natürlich auch mit viel Amor
Lässt sich das Leben allerdings ertragen

Die Familienfeier

Die Feier begann zunächst besinnlich
Mit dem Besuch der Morgenmesse
Wie es sich gehört, fromm und himmlisch
Mit Gästen aus Zürich und einem Hesse

Im Lokal „Wir feiern Feste"
Startete die eigentliche Feier
Ein riesen Saal für viele Gäste
Dachte: Wird wie immer die gleiche Leier

Doch es kam anders, man gucke und staune
Von wegen langweiliges Beisammensein
Alle Gäste in bester Laune
Trübsal blasen fiel niemandem ein

Es folgte ein Fünf-Gänge-Menü
Damit bloß keiner hungern muss
Essen bis rien ne va plus
Ein Gaumenschmaus, ein wahrer Genuss

Als die Kapelle anfing zu spielen
Waren alle außer Rand und Band
Niemand saß mehr auf den Stühlen
Alle sangen und tanzten Hand in Hand

Gesungen wurden fröhliche Lieder
Bier floss in großen Mengen
Immer wieder auf und nieder
Und Polonaise durch alle Gänge

Hein hob sein Glas und rief: Zum Wohle
Verlor dabei fast sein Gebiss
Im ganzen Saal lautes Gejohle
Was offenbar nichts Gutes hieß

Nun wollte Hein eine Rede halten
Erhob sich strahlend von seinem Platz
Liebe Gäste, ihr Jungen und Alten
Begann er lallend den ersten Satz

Schon gut Hein, flüsterte seine Frau
Musst du dich denn immer betrinken?
Doch dann folgte noch der Super-GAU
Hein fing an zu Boden zu sinken

Für Hein war die Feier nun leider gelaufen
Für seine Frau war es mehr als peinlich
Aufstehen und nochmal zusammenraufen
Und schnell verdrücken still und heimlich

Diesen Abend wird wohl niemand vergessen
Von wegen immer die gleiche Leier
Singen, tolle Rede und in fünf Gängen essen
Das nennt man bei uns Familienfeier

Die Welt mit Kinderaugen sehen

Kinderaugen, Kinderlachen
Übermut und Blödsinn machen
Mit Anlauf in Pfützen springen
Eltern zur Verzweiflung bringen

Offene Knie, Hose zerrissen
Weinend nach Hause, mit schlechtem
Gewissen
Mutter findet tröstende Worte
Kinder brauchen diese schützenden Horte

Spielen Fangen oder Verstecken
Verschanzen sich hinter Sträuchern und
Hecken
Bei schönem Wetter Fahrrad fahren
Glückliche Kinderaugen strahlen

So wie Kinder, ob groß oder klein
Sollten Erwachsene gelegentlich sein
Die Welt mit Kinderaugen sehen
Und sie in ihrer Einfachheit verstehen

Frühling

Wenn die ersten Vögel singen
Wie Melodien in den Ohren klingen
Die Temperaturen langsam steigen
Und sich Sonnenstrahlen zeigen

Draußen die Natur erwacht
Blumen in voller Blütenpracht
Verliebte kommen sich ganz nah
Dann spürt man förmlich, der Frühling ist da

Endlich!

Gibt es den perfekten Mann? Diese Frage hat sich bestimmt schon manche Frau gestellt.
Es gibt wahrlich Männer, die an dieses Wunschdenken schon erstaunlich nahe heran kommen.

Ordnung muss sein!

Mister Perfect

Er ist der Meister des perfekten Lebens
Ihn zu ändern bleibt vergebens
Geht keine Kompromisse ein
Ordnung halten, dass muss sein

Sobald er abends das Haus betritt
Ist durchgeplant fast jeder Schritt
Alles ist an Ort und Stelle
Ein Ordnungshüter für alle Fälle

Die Kleidung für den nächsten Tag
Legt er vor dem zu Bett gehen stets parat
Dann braucht er morgens nichts zu suchen
Sich ärgern oder sogar fluchen

Er duldet keine Rumpelkammer
Selbst der Keller ist der Hammer
Regale, Hobbyraum und Gästezimmer
Von Unordnung nicht der geringste
Schimmer

Ob Keller, Speicher oder Garage
Von der Parterre bis zur ersten Etage
Ob Grünanlage rund um das Haus
Lässt er keinen Winkel aus

So einen Mann wünscht sich jede Frau
Ordentlich, übrigens auch schlau
Dazu noch liebevoll und immer korrekt
Genauso wie „Mister Perfect"

Wenn jemand an Weihnachten Geburtstag hat, ausgerechnet noch an Heiligabend, dann kann aus einem besinnlichen Familientreffen ein stimmungsvolles Geburtstagsfest werden - mit ungewissem Ausgang.

Machet auf die Tür'

Machet auf die Tür' zur Weihnachtszeit
Denn wieder ist es nun so weit
Wie jedes Jahr an den Weihnachtstagen
Müssen wir Verwandtschaft wohl ertragen

Weil meine Frau dann Geburtstag hat
Findet Heiligabend bei uns zu Hause statt
Wie der Heiland, den wir alle loben
Ist meine Frau am selben Tag geboren

Für Ruhe und auch für Besinnlichkeit
Ist an diesen Tagen nur wenig Zeit
Gäste gehen stets ein und aus
Haben Weihnachten ein offenes Haus

Es wird gegessen und viel getrunken
Alle beginnen zur Musik zu schunkeln
Dann fangen sie auch noch an zu singen
Süßer die Glocken, oh wie werden sie
klingen

Die Stimmung erreicht bald den Siedepunkt
Zum Feiern findet sich immer 'nen Grund
Zu später Stunde werden die Gläser erhoben
Und alle singen: Herr, wir werden dich
loben

So ergeht es uns halt jedes Mal
Wir haben leider keine Wahl
Von Besinnlichkeit ist nichts zu spüren
Wir machen auf weit unsere Türen

Na dann:
Frohe Weihnachten!

Wenn man sich beim Shoppen auf ein
bestimmtes Kleidungsstück festgelegt hat,
kann man   unter Umständen schwer
enttäuscht werden.
Denn nur in den seltensten Fällen wird man
auch fündig, besonders dann, wenn es sich
um ein Sonderangebot aus dem Prospekt
handelt.
Besser immer schön flexibel bleiben!

Das Kleid mit dem Schmetterlingsmotiv

Meine Frau möchte shoppen gehen
Es ist Sommerschlussverkauf
Hat im Prospekt ein Kleid gesehen
Mit Schmetterlingen als Motiv darauf

Pünktlich um zwölf öffnet der Laden
Freudestrahlend traten wir ein
In einem Menschenmeer konnte man baden
Jeder wollte der Erste sein

Sie hat das Kleid sofort erblickt
Doch leider nicht in ihrer Größe
Total enttäuscht und sichtbar geknickt
Gab sie sich jedoch keine Blöße

Sagte: Nicht schlimm und gingen weiter
Bestimmt hat sie woanders Glück
Die Stimmung alles andere als heiter
Auf der Suche nach dem guten Stück

Nirgends gab es dieses besondere Kleid
Keines war so schön und schick
Nun wurde es meine Frau langsam leid
Bei keinem machte es so richtig klick

Wollten gerade nach Hause gehen
Meinte sie: Ich probier's nochmal an
Das muss man nun wirklich nicht verstehen
Vielleicht ändern sich ja Größen dann und
wann

Endlich hat sie es kapiert
Und ihr Lieblingskleid abgeschrieben
Schweren Herzens auch akzeptiert
Nur die Erinnerung an das
Schmetterlingskleid ist geblieben

Der nächste Sommerschlussverkauf kommt bestimmt!

Wenn jeder Mensch Einfluss auf das Wetter hätte, könnte man annehmen, dass alle zufrieden wären. Doch bei genauerem Betrachten wäre niemandem wirklich damit gedient, weil der Eine dem Anderen seine optimalen - klimatischen Bedingungen streitig machen würde. Also - lassen wir die Natur - das Klima für uns regeln.

Das Wetter ist kein Wunschkonzert

Der Eine schimpft: Es ist mir zu heiß
Es fließt von Hitze mir der Schweiß
Der Andere meint: Es ist mir zu kühl
Auch zu stürmisch, nach meinem Gefühl

Ein Anderer hat am liebsten Schnee
Und Abends 'ne Tasse Rum mit Tee
Mancher geht bei Sturm und Wind
Am Meer entlang mit Frau und Kind

Ob Hitze, Kälte, Schnee oder Wind
Ob alleine oder mit Frau und Kind
Das Wetter ist leider kein Wunschkonzert
Die richtige Kleidung - wäre nicht verkehrt

Endlich Wochenende

Endlich wieder Wochenende
Eine harte Woche geht zu Ende
Zwei Tage ausspannen - sagenhaft
Genug geschuftet und geschafft

Trinke mit Freunden entspannt ein Bier
Und lasse den Alltag hinter mir
Denn schneller als ich denken mag
Beginnt ein neuer Arbeitstag

Leider!

Der Herbst

Der Sommer ist gegangen
Der Herbst hat angefangen
Von den Bäumen fallen Blätter
Es beginnt das schlechte Wetter

Draußen wird es stürmisch
Die Menschen werden mürrisch
Die Stimmung rutscht in den Keller
Die Tage enden schneller

Auch dunkle und trübe Tage
Haben ihren Reiz - keine Frage
Vor dem Kamin recht gemütlich
Wird man mitunter sehr besinnlich

Dunkle Herbsttage

An dunklen Herbsttagen
Muss man das Licht im Herzen tragen
Die trüben Gedanken der Dunkelheit
Verwandeln sich zu Heiterkeit

Lebe immer frohen Mutes

Lebe immer frohen Mutes
Tue hin und wieder Gutes
Lasse nichts Böses an dich ran
Stehe täglich deinen Mann

So sollte es sein!

Himmelblaue Augen

Es sind die Augen, die Himmelblauen
Von den schönen attraktiven Frauen
Sie lassen Männerherzen höher schlagen
Und ein spannendes Abenteuer wagen

Man geht auf eine unkontrollierte Reise
Auf typische Männer Art und Weise
Dann gibt es für ihn kein Entrinnen
Das Abenteuer kann beginnen

Wer glaubt, ewig jung zu bleiben, der braucht morgens bloß in den Spiegel zu schauen.
Der Spiegel lügt nicht - leider!

Ganz nach dem Motto: Ich kenne dich nicht, wasche dich aber trotzdem!

Die Folgen des Alters

So langsam kommt man in die Jahre
Entdeckt die ersten grauen Haare
Da helfen kein Jammern und kein Klagen
Der Rest des Lebens hat angefangen

Es zuckt an Schultern, Nacken und Rücken
Kann sich vor Schmerzen kaum noch
bücken
Die Beweglichkeit ist eingeschränkt
Was sensible Gemüter furchtbar kränkt

Auch fällt hin und wieder auf
Der berühmte Satz: Ich komm nicht drauf
Leider bleibt es unerlässlich
Im Alter wird man halt vergesslich

Die Haare werden etwas lichter
Verursacht deutlich trübe Gesichter
Ohne Grund, denn es tut nicht weh
Zur Not trägt man Kappe oder Toupet

Zeigen sich die ersten Falten
Durchatmen und inne halten
Es sind die Spuren eines Lebens
Denn keine Falte ist vergebens

Sind leider keine zwanzig mehr
Es sich eingestehen fällt oft schwer
Ab ist der Lack und die Jugend vergangen
Der Rest des Lebens hat angefangen

Was machen schon ein paar Falten

Zeigen sich Falten und das erste graue Haar
Doch bist im Kopf noch ziemlich klar
Fühlst dich fit und recht vital
Sind ein paar Falten scheißegal

So, ein paar Falten - Na und!

Das Älterwerden und die Probleme des Alltags sollten wir nicht als Belastung ansehen, sondern eher als Herausforderung verstehen.

Wenn wir dann auch noch eine positive Lebenseinstellung entwickeln, können wir zuversichtlich und mit Freude in die Zukunft blicken.

Aufrecht auf der Lebensleiter

Werden wir auch immer älter
Und die Zeiten immer härter
Wir lassen die Köpfe niemals hängen
Uns niemals in die Ecke drängen

Klettern mutig immer weiter
Aufrecht auf der Lebensleiter
Freuen uns auf jeden neuen Tag
Was er uns wohl so bringen mag

Das ist die richtige Einstellung!

Ab dem elften, Elften starten die Jecken in die Karnevalssession.
Der Höhepunkt des närrischen Treibens ist jedoch der Zeitraum von Altweiberfastnacht bis Aschermittwoch.
Dann herrscht in den Hochburgen Köln, Mainz und auch Düsseldorf der absolute Ausnahmezustand.
Von nun an haben die Narren das Sagen.
Gott sei Dank!

Alaaf
und
Helau

Ob Fasching oder Karneval

Ob Fasching oder Karneval
Feiert man gerne überall
Ab Altweiber beginnt die heiße Phase
Kostümiert und rote Nase

Vergessen sind die Alltagssorgen
Niemand denkt an heute und morgen
Alle wollen nur Spaß und Freude
Schunkeln, Stimmung und fröhliche Leute

So feiert man!

Das Leben ist viel zu kurz um es sich mit
negativen Gedanken vermiesen zu lassen.
Deshalb gibt es keinen Grund, auch nur eine
Sekunde der Lebenszeit zu verschwenden.
Jeder sollte den Augenblick genießen, das
Kind in sich bewahren und niemals die
Lebensfreude verlieren.

Das Leben ist so wunderschön

Das Leben ist so wunderschön
Darum sollte es nie zu Ende geh'n
Lebe glücklich, unbeschwert und heiter
Bis ins hohe Alter fröhlich weiter

So kleine Wehwehchen und Zipperlein
Behalten wir für uns - Streng geheim
In unser Inneres kann niemand sehen
Geht keinen was an, muss keiner verstehen

Wer einen kultivierten Umgang hegt
Echte Freundschaften ernsthaft pflegt
Kann aufrecht und stolz durchs Leben
schreiten
Auf festem Boden, selbst in stürmischen
Zeiten

Dies sollte unser Lebensmotto sein!

Ein Fußballspiel dauert bekanntlich neunzig Minuten.
Wenn man als Mannschaft auftritt, ist selbst das Unmögliche möglich und so kann jeder Gegner in den Schatten gestellt werden.

Neunzig Minuten dauert ein Spiel

Neunzig Minuten dauert ein Spiel
Neunzig Minuten auf dem Weg zum Ziel
Neunzig Minuten einfach alles geben
Auf dem Platz den Teamgeist leben

Hoch motiviert , wie Feuer brennen
Kämpfen, fighten, um sein Leben rennen
So kann man selbst bei Sturm und Regen
Jeden Gegner vom Rasen fegen

Wenn man mit seinem Hobby in relativ kurzer Zeit mehr Geld verdient, als man jemals ausgeben kann, ist es niemandem zu verdenken, wenn er diese Möglichkeit nutzt.
Ich würde es jedenfalls tun, allerdings wäre entsprechendes Talent nicht verkehrt.
Daran könnte es scheitern - leider!

Hobby zum Beruf
gemacht.
Tja, wer hätte das
gedacht.
In Handumdrehen dicke
Kohle.
Für die Fans große
Idole.

Im nächsten Leben werde ich Fußballstar

Im nächsten Leben werde ich Fußballstar
Ist für mich schon sonnenklar
In ein paar Jahren Millionär
Stelle mir vor, wie schön das wär

Mein Hobby zum Beruf gemacht
Tja, wer hätte das gedacht
Das mit so einem kleinen Ball
Geld fließt wie ein Wasserfall

Wer es bezahlt ist mir egal
Spiele gerne überall
Im Stadion, tausende Leute
Sorgen für die reiche Beute

Werde von den Fans auf Händen getragen
Finanzieren mir jeden Luxuswagen
Für jeden, dem dieses Spiel gefällt
Ist es die schönste Nebensache der Welt

Ob früher alles besser war? - Wer weiß?
Vielleicht würden wir ja heute auch mit Kopfhörern vor dem Bildschirm sitzen und von den allerneusten Onlinemöglichkeiten Gebrauch machen.
Ich jedenfalls fände das sehr spannend.

War früher alles besser?

Wenn ich an meine Kindheit denke
Denke ich an Blödsinn, Raufereien und Gezänke
An Fußball spielen und manchen Quatsch
Bei Sonne, Regen, Schnee und Matsch

So haben wir uns ausgetobt
Es geriet auch oft etwas aus dem Lot
Kamen abends müde und schmutzig nach Haus'
Das bleibt beim Spielen halt nicht aus

Heute beschäftigt man sich daheim
Laden Freunde lieber online ein
Spielen am PC bis weit nach zehn
Dann braucht man nicht vor die Türe zu geh'n

Man hört kein Kind an der Haustüre klingeln
Sind lieber zu Hause im Zimmer chillen
Oder mit dem Headset kommunizieren
Die nächsten Level beim Spiel ausprobieren

Lassen sich beim Computerspiel niemals
stören
Wenn sie dem Streamer aufmerksam
zuhören
Er kommentiert gerade das Geschehen
Was die Kinder auf dem Bildschirm sehen

Früher hatten wir schmutzige Hosen
Heute sind sie erweichte Mimosen
Weil jeder auf eine Messaging App lauert
Ist kein Kind mehr richtig ausgepowert

So hat halt alles seine Zeit
Doch nicht alle Eltern sind bereit
Die Gegenwart zu akzeptieren
Wollen die Kontrolle eben niemals verlieren

Sich einmal von allen Zwängen befreien und dem Druck des Alltags entfliehen, ist für viele Menschen ein erstrebenswertes Ziel. Heutzutage werden sogar extra Seminare angeboten, um dem Traum vom „Aussteiger auf Zeit" näher zu kommen.

Mister Cool – Der Aussteiger

Er hat ein teures Auto
Eine Villa mit großem Pool
Reist um die ganze Welt
Man nennt ihn Mister Cool

Hat einen tollen Job
Und es ziemlich weit gebracht
Fängt morgens sehr früh an
Arbeitet weit bis in die Nacht

Doch alles hat seinen Preis
Das weiß auch Mister Cool
Denn schneller als gedacht
Saß er beim Psychiater auf dem Stuhl

Klassisches Burn-out
So heißt das Lösungswort
Was ihn so mürbe macht
Und in seinem Kopf drin bohrt

Jetzt braucht er dringend Ruhe
Von all dem Alltagsstress
Kein Anzug, Hemd, Krawatte
Sondern nur noch Freizeitdress

Er war völlig fix und fertig
Musste aus der Mühle raus
Frei von allen Zwängen
Darum stieg er einfach aus

Reduziertes Leben
Zurück zur Einfachheit
Ist für ihn purer Luxus
Mal endlich wieder Zeit

So lebt er nun im Wald
Geboren aus der Not
Auf sich allein gestellt
Fast nur mit Wasser und mit Brot

All die schönen Dinge
Sind für ihn nicht mehr wichtig
Für einige Wochen Ruhe
Erklärt er sie für nichtig

Gelassen und mit klarem Kopf
Und nicht gekanntem Glück
Kehrt er guten Mutes
Ins Alltagsleben zurück

Manchen Frauen kann man mit einem Staubwedel und einem Putzlappen die größte Freude bereiten, denn dann können sie den Putzteufel in sich so richtig raus lassen.

Hin und wieder sollten sie sich dennoch eine Pause gönnen.

Wer weiß, vielleicht entdecken sie dann eine weitere Ecke, wo sie noch nicht geputzt haben.

Da bleibt kein Staubkorn übrig!

Ordnung muss sein

Immer wieder, Tag für Tag
Macht meine Frau durchs Haus die Runde
Weil sie Ordnung und Sauberkeit mag
Beginnt ihre Arbeit zur frühen Stunde

Wienert fleißig in allen Räumen
Putzt mit dem Wedel kreuz und quer
Ruhelos bis kurz nach Neune
Lampen, Schränke und noch mehr

Ohne Arbeit ist sie krank
Sehe meine Frau dann förmlich leiden
Jede Etage blitz und blank
Sie ist nicht wirklich zu beneiden

Erst wenn alles glänzt und strahlt
Ist meine Frau mit sich zufrieden
Fleiß und Schweiß haben sich ausgezahlt
Vom Ehrgeiz ständig angetrieben

Ein liebes Wort

Ein liebes Wort zur rechten Zeit
Wirkt heilsam bei Pein und auch bei Leid

Lebensweisheiten

Sonne genießen
Blumen sprießen
Nie die Laune vermiesen
Niemals Tränen vergießen

Sehe die Sonne scheinen
Nur aus Freude weinen
Trübsal meiden
Niemals neiden

Positiv denken
Liebe verschenken
Lachen vor Glück
Suche den Kick

Liebe im Herzen
Von Zeit zu Zeit scherzen
Nach Frieden streben
Einfach Leben

Übermut kommt vor dem Fall

Übermut kommt vor dem Fall
Weiß jeder hier und überall
Wer das noch nicht begriffen hat
Dem hilft nicht mal der beste Rat

Also: Immer schön bescheiden bleiben!

Glücksmoment

Glück ist das Empfinden eines Momentes
Und meistens nur für kurze Zeit
Genieße es, solange es präsent ist
Denn Glück hält keine Ewigkeit

Manche Frauen haben eine ganz genaue
Vorstellung davon, in welcher Reihenfolge
sie ihre Arbeiten, die in der Woche so
anfallen, bewältigen wollen.
Oftmals erstellen sie einen Plan nach dem
sie exakt ohne Wenn und Aber vorgehen
und lassen sich in keinster Weise von ihrem
Vorhaben abbringen.
Bloß nicht flexibel sein!

Der Wochenplan

Eine Bekannte von meiner Frau und mir
Beginnt die Woche mit vollem Elan
Plagt sich täglich wie ein Arbeitstier
Nach ihrem erstellten Wochenplan

Montag heißt es früh aufstehen
Denn sie hat alle Hände voll zu tun
Frühstücken, dann einkaufen gehen
Keine Zeit sich auszuruh'n

Dienstag die Behördengänge
Zur Post und später noch zur Bank
Die Erledigungen ziehen sich in die Länge
Überall warten, dass macht krank

Mittwoch ist der Garten dran
Erstmal Rasen mähen und Terrasse fegen
In der gleichen Reihenfolge fängt sie an
Dann Blätter sammeln von Beeten und
Wegen

Donnerstag ist Wäschetag
Kleidung waschen und später bügeln
Obwohl sie das gar nicht mag
Ist sie kaum zu bändigen und zu zügeln

Freitag steht der Hausputz an
Dabei darf man sie bloß nicht stören
Dann ist sie nämlich in ihrem Bann
Und will von niemandem etwas sehen und
hören

Samstagmorgen wird eifrig gebacken
Das hat seit Jahren schon Tradition
Auch andere haben so ihre Macken
Manchmal helfen sogar ihr Mann und ihr
Sohn

Sonntag ist Entspannung angesagt
Mal dem ganzen Stress entrinnen
Weil das schlechte Gewissen sie langsam
plagt
Darf sie schon bald laut Wochenplan wieder
beginnen

Auch wenn sich de facto das Älterwerden bedauerlicherweise nicht aufhalten lässt, sollte man aber trotzdem nicht resignieren, sondern sich den Herausforderungen des Lebens stellen und niemals die Lebensfreude verlieren.
Also, ruhig mal ab und an auf ein Abenteuer einlassen und den besonderen Kick suchen.

Offen sein,
für neue Wege.

Nur Mut!

Der besondere Kick

Was würde man nicht dafür geben
Um wieder einmal jung zu sein
Vor sich noch das ganze Leben
Doch an der letzten Türe stehst du allein

An der Uhr kann niemand drehen
Nicht nach vorne und nicht zurück
Fällt es auch schwer dies einzusehen
Gehe trotzdem weiter Stück für Stück

Warte nicht auf den nächsten Morgen
Genieße jeden Tag, jeden Augenblick
Mache dir im Leben nicht so viel Sorgen
Suche immer den besonderen Kick

Das hält jung!

Wenn der langersehnte Urlaub vor der Türe steht und man sich verdientermaßen vom Arbeitsalltag erholen möchte, ist bei vielen Leuten erst einmal Stress angesagt.

An was man nicht alles denken muss!

Es wird oftmals mit der Planung einer Reise mehr Zeit verbracht als mit dem eigentlichen Urlaub.

Ganz abgesehen von den restlos überfüllten Stränden und den utopischen Preisen…

Aber warum in die Ferne schweifen? Zu Hause ist es doch am allerschönsten. An diesem Sprichwort ist wahrlich etwas dran.

Das nenne ich entspannen!

Am schönsten ist es zu Hause

Wenn der Urlaub vor der Türe steht
Sich alles um den Urlaub dreht
Das Reiseziel ist ausgesucht
Wird erwartungsvoll sofort gebucht

Damit man wirklich nichts vergisst
Im Urlaub später nichts vermisst
Wird eine Checkliste zunächst erstellt
Die alles Erforderliche und Wichtige enthält

Ist der Ausweis überhaupt noch gültig?
Sind Checks für den Urlaub nötig?
Wem kann man den Hausschlüssel
anvertrauen?
Wer kann nach dem Rechten schauen?

Wer passt auf die Tiere auf?
Wer gießt die Blumen? - Vielleicht Herr
Knauf?
Muss das Auto zur Inspektion?
Getrieben von der Perfektion

Mein Gott, was ist das für ein Stress
Keine Spur von Happiness
An tausend Dinge gilt es zu Denken
Solch eine Strapaze will ich mir schenken

Am Schönsten ist es doch zu Hause
Und mache dort vom Alltag Pause
Brauche nicht im Stau zu warten
Erhole mich in meinem Garten

Manchmal kommt man schneller zu Katzen als man denken mag, nämlich dann wenn der Nachbar welche hat.
Katzen kennen keine Grenzen und können außerdem auch noch gut über Zäune klettern.
Eigentlich sind Katzen ja auch süß und wenn man sie regelmäßig mit einem Schälchen Milch versorgt auch zutraulich.
Der Bestand an unerwünschten Mäusen wird sich mit Sicherheit auch verringern.

Katzenliebe

Haben plötzlich zwei junge Katzen
Putzig mit den kleinen Tatzen
Dachte zunächst sie würden uns stören
Weil sie uns nicht mal gehören

Hatten schon gleich ihren Lieblingsplatz
Den hatten sie im Nu, ratzfatz
Auf der Bank vor der Thujahecke
Liegen sie brav in einer Ecke

Fühlen sich dort pudelwohl
An ihrem geliebten Ruhepol
Die Lage immer fest im Blick
Beobachten das Geschehen, kriegen alles mit

Begeben sich mutig auf Vogeljagd
Weil ihr Jagdtrieb sie ständig plagt
Doch leider sind sie noch zu klein
Werden immer zweiter Sieger sein

Manchmal sitzen sie auf der Terrasse
Hoffen das ich sie ins Wohnzimmer lasse
Schauen durch die Terrassentüre rein
Vielleicht lädt man sie zu Milch im
Schälchen ein

Laufen auf dem Grundstück kreuz und quer
Jagen Mäusen hinterher
Erkunden neugierig jeden Winkel
Scharen Löcher zum Kacken und Pinkeln

Dann liegen sie entspannt in der Sonne
Ruhen sich aus, was für eine Wonne
Kleine Katzen brauchen auch mal eine
Pause
Auf ihrer Bank in ihrem zweiten zuhause

Es gibt verschiedene Möglichkeiten, seine Gefühle zum Ausdruck zu bringen.

Jeder sagt es auf seine Weise

Der Musiker sagt es mit Musik
Was ihm so alles am Herzen liegt

Der Maler drückt es in Bildern aus
Gefühle lässt er sichtbar raus

Der Dichter will es mit Worten sagen
Sich an verschiedene Themen wagen

Der Sänger benutzt dafür seine Stimme
Gehör verschaffen wäre in seinem Sinne

Jeder sagt es auf seine Weise
Mal laut, mal leise und manchmal weise

Bonusgedichte

"Zu früh gefreut, schon bald bereut"
Wer sich zu früh freut, wird manchmal im
Leben bitter bestraft.

Des Einen Glück, des And'ren Leid

Es saß ein Vogel auf einem Aste
Auf einem Apfelbaum
Schaute wie ein Wurm dort friedlich raste
Er sah die Gefahr wohl kaum

Der Vogel im Baume, er freute sich
Auf einen Gaumenschmaus
Doch ahnte er nicht, dass es ihm bald glich
Wie mancher kleinen Maus

Unten am Stamme, dort wartete schon
Eine Katze höchst gespannt
Und sehnte sich auf ihren Lohn
Im Grase gut getarnt

Sie kletterte dann, ganz still und leise
Den Baumstamm hoch hinauf
Denn dieser Vogel war eine Meise
Sie freute sich schon darauf

Diese Meise hatte nichts bemerkt
Von ihrer großen Not
Der Wurm vom Apfel gut gestärkt
Die Meise leider tot

Katz' und Maus

Eine Katze auf der Lauer sitzt
Wartet bis eine Maus aufblitzt
Schleicht sich ganz behutsam ran
Glaubt , dass sie sie fangen kann

Jedoch die Maus ist ja nicht dumm
Sieht die Katze und kehrt um
Flüchtet rasch ins Mauseloch
Die Katze denkt, ich krieg dich doch

Wartet fast eine Stunde schon
Hofft auf den verdienten Lohn
Das Mauseloch ist viel zu klein
Es passt nicht mal eine Pfote rein

Allmählich hat sie es gecheckt
Warten, das hat keinen Zweck
Die Maus hat noch mal Glück gehabt
Die Katze zieht beleidigt ab

Klein sein, hat manchmal auch so seine Vorteile!

Tiere und ihre Eigenschaften

Die Katze fängt die Mäuse
Der Affe sucht die Läuse
Der Esel ist störrisch und faul
Der Fuchs ist listig und schlau

Der Hahn kräht auf dem Mist
Ein Schwein, das fast alles frisst
Eier legt das Huhn
So hat es auch etwas zu tun

Alle Tiere haben ihre Eigenschaften
Manche tun wir zum Essen schlachten
Manche werden sinnlos erlegt
Manche werden gehegt und gepflegt

Vor Ostern hat der Osterhase mit dem Austragen der Ostereier viel zu tun.
Dabei den Überblick zu behalten, an welchem Haus er schon war und wo er die bunten Eier noch verstecken muss, ist nicht immer ganz so einfach.

Lieber Osterhase

Hallo lieber Osterhase
Bring uns bunte Eier
Versteck sie auf unserem grünen Rasen
Nur nicht bei Herrn Meyer

Und hopse nicht an uns vorbei
Lieber guter Osterhase
Verteile bitte Ei für Ei
Von mir aus auch aus Schokolade

Auch erhältlich:

Walter Bertleff
Wahre Lebensfreuden

Humorvolle Gedichte
aus dem wahren Leben

ISBN: 9783743117228